AF358900

LES FESTES

DE LA

MALGRANGE.

BALLET

DANCÉ DEVANT

LEURS ALTESSES ROYALES

le Janvier 1702.

A NANCY,

Chez PAUL BARBIER, Imprimeur & Marchand Libraire.

M. DCCII.

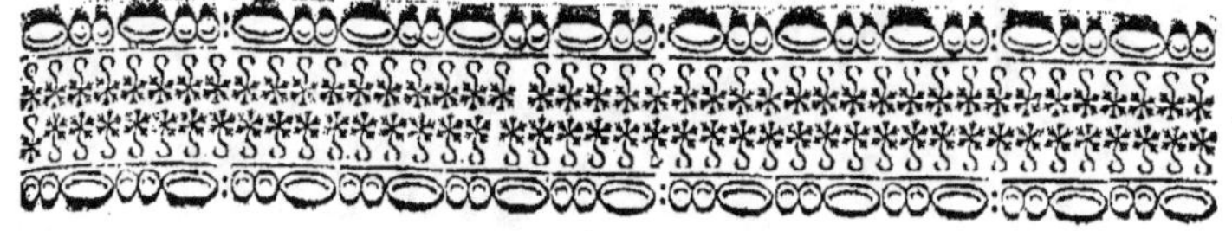

ACTEURS.

PREMIER DIVERTISSEMENT.

ENDIMION. Monsieur le Chevalier de Vitrimont.

DIANE. Madame de Novillars.

CEPHISE, *Nimphe de Diane*, Mademoiselle Magnien.

Troupe de Nimphes de la suite de Diane chantantes.

Mademoiselle de Villemont.
Mademoiselle Platelle.
Mademoiselle Minou.
Mademoiselle Honoré, &c.

Premiere Nimphe de Diane dançante.

SON ALTESSE ROYALE MADAME.

Troupe de Nimphes dançantes.

Madame d'Anglure.
Mademoiselle de Bassompiere de Savigny.
Mademoiselle de Roquefeüille.
Mademoiselle de Lemont.
Madame de Lenoncourt d'Hudicourt.

Madame la Comtesse de Khevenhiller.
Mademoiselle de Nettancourt.
Mademoiselle de Bassompiere du Châtelet.

Une Nimphe dançante.

Mademoiselle Magny.

Troupe de Chasseurs de la suite de Diane.

Deux Piqueurs sonnans du Cor.

Les Sieurs Thomas, & France, Trompettes de
S. A. R.

SECOND DIVERTISSEMENT.

PAN. Monsieur Royer.

*Troupe de Faunes & de Silvains chantans, de la suite
de Pan.*

Mrs. Guillot. Boisseau. Dunod. Nerat, &c.

Un Dieu des Bois dançant.

Monsieur Magny.

Deux autres Dieux des Bois dançans.

Monsieur du Rollet de la Tour.
Monsieur le Comte de Dongelberge.

Monſieur le Comte de Nettancourt.
Monſieur le Comte de Baſſompiere.
Monſieur le Baron de Baudricourt.
Monſieur le Comte de Malle.
Monſieur le Comte d'Aubigny.
Monſieur le Comte de Gourſi.
Monſieur le Baron de Vrecourt.
Monſieur de Bezelers.

Pages de S. A. R.

TROISIE'ME DIVERTISSEMENT.

PALES. Mademoiſelle Honoré.

Troupe de Bergers de la ſuite de Palés chantans.

Monſieur Bourdy. Mrs. Boiſſeau. Comeau. S. Denis.
Bailly, &c.

Troupe de Bergeres chantantes & dançantes.

Un Berger dançant.

Monſieur le Marquis de Spada.

Troupe de Bergers dançans.

Meſſieurs les Comtes de Khevenhiller.
Monſieur le Comte de Trauthſon.
Monſieur le Vicomte de Dinant.

Monſieur le Comte de Dongelberge.
Monſieur le Comte de Brockdorff,
Monſieur le Baron de Virmundt.
Monſieur du Rollet de la Tour.

FLORE. Madame Royer.

ZEPHIRE. Monſieur Honoré.

Un Amour dançant.

SON ALTESSE SERENISSIME MONSEIGNEUR
LE PRINCE FRANCOIS.

Amours dançans.

Monſieur le Comte Duzelle.
Monſieur le Comte de Ligneville. ⎱ Pages de S. A. R.
Monſieur de Thibourt. ⎰

Troupe d'Amours, de Jeux & de Plaiſirs chantans.

Le Sieur Deon Page de la Muſique de S. A. R.
Chapilier. Achette. Glaudin. Blaiſe. Didelon. Bailly.

Une Nimphe de la Malgrange chantante.

Mademoiſelle de la Foſſe.

Troupe de Nimphes de la Malgrange chantantes & dançantes.

La Scene ſe paſſe dans le Bois de la Malgrange.

La Muſique eſt de la compoſition de Monſieur Regnault
Maître de la Muſique de S. A. R. & les Danſes ſont de celle de
Monſieur Magny Maître à danſer de MADAME.

LES FÊTES

DE LA

MALGRANGE.

BALLET.

Le Théatre represente le Bois de la Malgrange.
Endimion qui y étoit venu pour réver plus paisi-
blement à la Déesse qu'il ayme, entend avec cha-
grin quelques Ruisseaux murmurer, il croit qu'ils
se plaignent, & s'en étonne.

SCENE PREMIERE.

ENDIMION.

Ruisseaux qui murmurez, qu'avez-vous à vous plaindre?
    Rien ne s'oppose à vôtre cours,

A

Vous le suivez sans vous contraindre ;
Si comme vous, hélas ! dans mes tendres amours,
En suivant mon penchant je n'avois rien à craindre.
Ruisseaux qui murmurez, m'entendroit-on me plaindre ?
Mais l'objet de mes vœux s'en offense toûjours ;
Et loin que dans mes maux je trouve du secours,
  Sa fierté me force de feindre :
Ruisseaux qui murmurez, c'est à moy de me plaindre.

On entend un bruit de Chasse.

Qu'entens-je ? de quel bruit retentissent ces lieux ?

Le bruit continuë.

Sans doute Diane s'avance,
 Quel trouble m'agite, grands Dieux !

Le bruit de Chasse recommence.

Mais forçons ma bouche au silence,
Puisque le moindre aveu l'offense
Ne laissons parler que mes yeux,
Souvent aussi disent-ils mieux
Ce qu'un cœur a d'amour & de constance.

SCENE II.

Une Troupe de Nimphes & de Chasseurs arrive
de tous côtez, & se rassemble prés de Diane, qui
veut préparer une Chasse pour Son Altesse Royale.

CHOEUR DE NIMPHES.

ALlons, *ne perdons-pas des momens précieux.*

DIANE.

La nuit fuit, le jour prend sa place,
Nimphes, ne perdez pas des momens précieux ;
Hâtez-vous, préparez la Chasse,
Donnez-en le plaisir au Maître de ces Lieux.

LE CHOEUR DES NIMPHES.

Allons, ne perdons pas des momens précieux ;
Hâtons-nous, préparons la Chasse :
Donnons-en le plaisir au Maître de ces Lieux.

DIANE.

Un jeune Héros que la gloire,
Au milieu des hazards a couronné cent fois,

Ne pouvant plus chercher l'éclat de la Victoire
Par d'innocens plaisirs s'occupe dans ces Bois.

DIANE ET ENDIMION.

Secondons une ardeur si belle,
Et pour luy plaire enfin, n'épargnons pas nos soins;
Pour ce Prince charmant pouvons-nous faire moins?
Heureux, si le succez répond à nôtre zéle!

LE CHOEUR DES NIMPHES ET DES CHASSEURS.

Secondons une ardeur si belle,
Et pour luy plaire enfin, n'épargnons pas nos soins;
Pour ce Prince charmant pouvons-nous faire moins?
Heureux, si le succez répond à nôtre zéle!

Les Chasseurs & les Nimphes s'écartent dans le Bois
pour disposer la Chasse ; Diane qui ayme Endimion en secret, & qui craint de le luy faire connoître, si elle restoit avec luy, veut les suivre, mais
ce Berger l'arrête.

SCENE III.

SCENE III.

DIANE.

ALlons, allons, ne tardons pas.

ENDIMION.

Déeſſe, qui vous fait précipiter vos pas ?

DIANE.

Je veux vous fuir, s'il m'eſt poſſible,
Vous me parlez toûjours de l'ardeur de vos feux ;
Que ſçay-je ſi mon cœur ſeroit aſſez heureux
Pour n'y pas devenir ſenſible ?
Je veux vous fuir, s'il m'eſt poſſible.

ENDIMION.

Rien n'eſt pour vous moins dangereux :

Ne craignez point que l'Amour vous enflâme,
Il n'étend pas ſur vous ſon pouvoir glorieux ;
Ce Dieu content de régner dans vos yeux
Néglige par malheur l'empire de vôtre ame.

C'eſt à moy ſeul de reſſentir ſes traits,

B

Mais je me feray violence,
Et je mourray plûtôt que d'en parler jamais,
Je me suis trop promis de garder le silence.

DIANE.

Un cœur qui souffre un vray tourment
Ne se contraint pas en aymant,
Et ne sçauroit jamais s'empêcher de le dire ;
Celuy qui le cache aisément
N'endure pas apparemment
Un si cruel martyre.

ENDIMION.

Consultez ces Rochers, écoutez ces Ecos,
Attendris mille fois de l'excez de mes maux
Ils semblent plaindre encore avec moy tant d'allarmes ;
Tout parle, tout se sent icy de mes douleurs,
Ces Ruisseaux même, hélas ! qui pour vous ont des charmes
Prennent leur source de mes pleurs.

Diane semble vouloir le quitter pour aller à la Chasse.

Ah.....Vous fuyez, qu'elle rigueur extrême !
Vous me préferez vos plaisirs.

DIANE.

Non Berger, mais je veux me dérober moy-même
Au péril trop charmant d'entendre vos soûpirs :

Lorsqu'à l'amour on ne veut pas se rendre
On en doit fuir jusqu'au moindre danger ;
Ce n'est pas vouloir s'en deffendre
Que d'entendre
Les soûpirs d'un Amant qui peut nous engager.

ENDIMION.

Hé bien ! éloignez-vous, cruelle que vous êtes ;
Evitez des regrets qui pourroient vous toucher,
Et craignez de vous reprocher
L'injustice des maux que vous me faites.

J'abandonne mon cœur
Au désespoir qui le dévore ;
Heureux ! si sa rigueur
Justes Dieux que j'implore,
Peut finir à la fois ma vie & mon malheur.

DIANE.

Quels transports ! quels effets d'une fatale ardeur !
Je vous plains......

ENDIMION.

Inhumaine
Vous me plaignez sans soulager ma peine,
Je n'y sçaurois trouver qu'une triste douceur.

DIANE.

Ah ! si vous connoissiez mon cœur......

ENDIMION.

Qu'entens-je ? seroit-il touché de ma tendresse ?

DIANE.

Contentez-vous d'être enfin son vainqueur,
Et ne le forcez pas d'avoüer sa foiblesse.

ENDIMION.

Vous m'aymez, charmante Déesse ;
Rien n'est égal à mon bonheur.

ENSEMBLE.

Brûlons d'une ardeur mutuelle,
Est-il rien de plus doux ?

DIANE.

Que nôtre chaîne est belle !

ENDIMION.

Qu'elle nous fera de jaloux !

ENSEMBLE.

Brûlons d'une ardeur mutuelle,
Est-il rien de plus doux ?

SCENE IV.

Les Nimphes reviennent du Bois, elles entendent
ce que Diane & Endimion se disent de tendre,
& en sont surprises.

CEPHISE, l'une des Nimphes.

QUoy! Diane déja n'a plus l'indifference
    Qu'elle nous vantoit autrefois?
Diane a fait si-tôt un choix;
J'en suis surprise quand j'y pense.

DIANE.

Vous m'avez laissée en ces lieux
Prés d'un Berger armé d'amour & de constance,
    Mon foible cœur s'est trouvé sans deffense,
J'ay cedé malgré moy, j'en rougis à vos yeux.

DIANE ET ENDIMION.

L'Amour est le plus grand des Dieux,
On veut en vain combattre sa puissance;
    Plus on luy fait de resistance,
    Plus son triomphe est glorieux.

C

LE CHOEUR DES NIMPHES.

L'Amour est le plus grand des Dieux,
On veut en vain combattre sa puissance ;
Plus on luy fait de resistance,
Plus son triomphe est glorieux.

Les Nimphes témoignent par leurs Chants & par leurs Danses le plaisir qu'elles ont que l'exemple de leur Déesse les autorise à aymer à leur tour.

DIANE.

Qu'un cœur tendre & fidelle
Fait aisement triompher ses désirs :
Amants qui chaque jour volez de belle en belle,
Vous perdez en changeant le fruit de vos soûpirs,
Et vous n'avez jamais tant de plaisirs
Qu'un cœur tendre & fidelle.

Les Nimphes recommencent à dancer pour donner de nouvelles marques de la joye qu'elles ressentent.

ENDIMION, s'adressant à Diane.

Il n'est point de plaisirs que mon cœur ne ressente ;
Non, les Dieux qu'au Ciel tout enchante,
Ne sont pas plus contens de leur félicité :
Je compare ma gloire à leur gloire éclatante,
Vôtre amour fait ma vanité.

DIANE.

Quel est le sort heureux dont ma flâme est suivie,
  Mon Berger me donne sa foy ;
Sa Conquête toûjours fût ma plus chere envie,
  Ah ! s'il n'ayme aujourd'huy que moy,
Quel est le sort heureux dont ma flâme est suivie !

ENDIMION.

  Quel doute ! quelle jalousie !
M'est-il permis de suivre une autre Loy ?

DIANE.

  Plus d'une belle en ce Bocage
  Vous enflâme en un même jour ;
  Puis-je attendre un parfait amour
    D'un cœur qui se partage ?

Quelqu'autre comme moy peut-être vous engage,
  Et vous me trompez à mon tour.

ENDIMION.

  Pour d'aussi beaux yeux que les vôtres
On renonce aisément aux plus charmans appas ;
Quand mon cœur aujourd'huy seroit sensible à d'autres
    Ne les quitteroit-il pas
  Pour d'aussi beaux yeux que les vôtres ?

La crainte qui me trouble est bien plus juste, hélas !
Déesse, vous m'aymez ; non, il n'est pas possible.

Quoy ! lorsque tous les Dieux ne sçauroient se vanter
D'avoir soûmis vôtre cœur invincible,
Un Berger pourroit se flatter
D'avoir sçû le rendre sensible ;
Non, il n'est pas possible.

DIANE.

Un Berger peut se faire aymer,
Pourvû qu'il ayme ;
Le faux brillant d'un rang suprême
A-t'il rien qui doive charmer ?
Un Berger peut se faire aymer
Pourvû qu'il ayme.

ENDIMION.

Vous m'assurez de mon bonheur extrême,
Rien ne sçauroit plus m'allarmer.

ENSEMBLE.

Offrons-nous à l'envy la plus vive tendresse,
Et ne laissons jamais languir un feu si beau :
Que nôtre amour aye sans cesse
Les charmes d'un amour nouveau.

Les Nimphes qui sont témoins des assurances de
tendresse que se donnent ces Amans, continuent à
l'envy, les unes par leurs Chants & les autres par
leurs Dances, de leur faire connoître la part qu'elles prennent à leur bonheur.

CEPHISE

CEPHISE.

Tendres Amants, quelle gloire eſt la vôtre !
Tout rit , tout répond à vos vœux.

LE CHOEUR DES NIMPHES.

Tendres Amants, qu'elle gloire eſt la vôtre !
Tout rit , tout répond à vos vœux.

CEPHISE.

Le Ciel a fait vos deux cœurs l'un pour l'autre ,
Et l'Amour prend le ſoin du bonheur de vos feux.

LE CHOEUR DES NIMPHES.

Tendres Amants, quelle gloire eſt la vôtre !
Tout rit , tout répond à vos vœux.

CEPHISE.

Sur vôtre ſort charmant nous réglerons le nôtre ,
Nous formerons d'aymables nœuds.

LE CHOEUR DES NIMPHES.

Tendres Amants, quelle gloire eſt la vôtre !
Tout rit , tout répond à vos vœux.

D

SCENE V.

Pan, qui venoit dans cet endroit du Bois avec une Troupe de Faunes pour y former une Fête à l'honneur de Son Altesse Royale, se joint aux Nimphes qu'il y trouve, & les invite à chanter de concert le bonheur dont elles joüissent comme luy sous les Loix d'un si grand Prince.

CHOEUR DE FAUNES, qui arrivent en chantant.

CHantons, chantons le bonheur de ces lieux.

PAN, s'adressant aux Nimphes.

Nimphes, qui comme nous goûtez un sort paisible
Sous les Loix d'un Héros formé du sang des Dieux,
Redoublez vos concerts, & s'il vous est possible
    Portez sa gloire jusqu'aux Cieux.

Que le bruit de vos chants par tout se fasse entendre,
Remplissez de son Nom & la Terre & les Airs ;
    Annoncez à tout l'Univers
Les faveurs que sur vous sa bonté sçait répandre.

LE CHOEUR DES NIMPHES ET DES FAUNES.

Que le bruit de nos chants par tout se fasse entendre,
Remplissons de son Nom & la Terre & les Airs ;
Annonçons à tout l'Univers
Les faveurs que sur nous sa bonté sçait répandre.

Les Faunes forment entr'eux des Dances qui font
autant de marques de la reconnoissance qu'ils ont
des biens dont ce Héros les comble tous les jours.

PAN, DIANE ET ENDIMION.

Ah ! que son régne a de douceurs !
Qu'à ses soins bien-faisans le Ciel toûjours réponde ,
Qu'il aye un jour sur tout le monde
L'empire qu'il a sur nos cœurs.

DIANE.

Ce Prince prend plaisir à recevoir l'hommage
Que nous luy rendons en ce jour ;
Mais pour luy plaire davantage
Chantons l'objet de son amour.

Chantons nôtre Auguste Princesse ,
Celebrons ses vertus , publions ses attraits :
Qu'elle est digne de la tendresse
Du plus parfait Héros que le Ciel fit jamais !

CHOEURS.

Chantons nôtre Auguste Princesse,
Célébrons ses vertus, publions ses attraits :
* Qu'elle est digne de la tendresse*
Du plus parfait Héros que le Ciel fit jamais !

Les Nimphes & les Faunes se joignent & dancent ensemble, pour témoigner plus agréablement combien il leur est doux de chanter leur Souveraine.

UNE NIMPHE.

*   Cedez jeunes cœurs*
* Aux traits dont l'Amour blesse,*
*   Cedez jeunes Cœurs*
*   A ses vives ardeurs.*
Le temps du bel âge est fait pour la tendresse
*   Goûtez ses douceurs.*
*   Cedez jeunes Cœurs*
* Aux traits dont l'Amour blesse,*
*   Cedez jeunes Cœurs*
*   A ses vives ardeurs.*
Laissez murmurer l'importune sagesse,
Ses Loix pour vous n'ont que trop de rigueurs :
*   Cedez jeunes Cœurs*
* Aux traits dont l'Amour blesse,*
*   Cedez jeunes Cœurs*
*   A ses vives ardeurs.*

Les

Les Nimphes & les Faunes recommencent leurs
Danſes, dans le temps qu'elles finiſſent on entend
un Chœur de Muſique Champêtre.

Accourez Bergers , accourez.

P A N.

Qu'entens-je ?

Le Chœur recommence.

Accourez Bergers , accourez.

D I A N E.

Quel Concert de Muſettes?

SCENE VI.

Une Troupe de Bergers, de Bergeres & de Paſtres
arrive en chantant.

ACcourez *Bergers, accourez.*

Palés qui a appris que Diane & Pan cele-
broient ſi galamment la gloire d'un Héros qu'elle
adore, preſſe les Bergers de ſe raſſembler, & de
faire voir qu'ils n'ont pas moins d'empreſſement
que les autres à chanter les vertus d'un Prince ſi
aymable, & la douceur des Loix qu'il leur impoſe.

P A L E S au milieu des Bergers qu'elle conduit.

Venez chanter dans ces Retraites
Le Héros glorieux que vous y reverez :
Accourez, Bergers accourez.

Diane & Pan ſe joignent avec plaiſir à Palés, &
font connoître avec elle aux Bergers qui la ſuivent
ce qu'ils doivent au ſoin que ce Héros prend de
les rendre heureux.

DIANE, PAN ET PALES.

Il vous deffend icy des fureurs de Bellone,
Tout eſt tranquille dans ces Bois ;
Bergers ne joüiſſez du repos qu'il vous donne
Que pour chanter la douceur de ſes Loix.

Les Bergers, les Silvains & les Nimphes, pénétrez des bontez de ce Prince, s'efforcent par leurs Chants & par leurs Dances de témoigner combien ils y ſont ſenſibles.

CHOEURS.

Ne joüiſſons du repos qu'il nous donne
Que pour chanter la douceur de ſes Loix.

Flore qui a accompagné la Déeſſe Palés, veut donner auſſi des marques éclatantes du plaiſir qu'elle a d'être d'une ſi belle Fête.

FLORE.

Pour former en ces lieux une Fête ſi belle
Tout fait voir de l'empreſſement,
Et je veux à mon tour qu'un prodige charmant
Signale en même temps ma puiſſance & mon zéle.

Bois déſolez, où l'hyver en courroux
Exerce avec horreur ſes plus cruels ravages,
Dans ce jour fortuné reprenez vos feüillages,

Arbres reverdiſſez, Gazons renaiſſez tous :
*   Et vous qui glacez ces Bocages*
*   Froids Aquilons retirez-vous,*
Il n'eſt permis qu'aux Zéphirs les plus doux
De régner déſormais ſous nos ombrages.

Le Bois de la Malgrange, qui juſqu'icy avoit paru ſe reſſentir des outrages de l'hyver, change & reprend ſa verdure, les Fleurs renaiſſent de toutes parts, & les Ruiſſeaux qui auparavant étoient à demy glacez, coulent par tout avec une abondance & une douceur qui charment.

*   Mais tout ſuit icy mes déſirs,*
Tout y brille à mes yeux d'un éclat qui m'enchante,
Venez, tendres Amours, venez Troupe charmante,
Ramenez avec vous les jeux & les plaiſirs.

Une Troupe d'Amours, de Jeux & de Plaiſirs, vole de tous côtez, & vient ſe ranger autour de Flore.

CHOEUR D'AMOURS.

Que dans ces belles Retraites
Le Printems & l'Amour enchantent tous les cœurs:

Les Bergers, les Nimphes, & les Silvains leur répondent.

CHOEURS.

Que dans ces belles Retraites

Le Printems & l'Amour enchantent tous les Cœurs:

LES AMOURS.

Qu'il naiſſe autant d'Amourettes,
Que nous verrons naître de Fleurs.

LES BERGERS, &c.

Qu'il naiſſe autant d'Amourettes,
Que nous verrons naître de Fleurs.

Quelques petits Amours forment entr'eux d'a-
gréables Dances qui animent les Bergers à les imi-
ter, & à en former d'auſſi galantes.

Les Amours continuent de chanter.

CHOEUR D'AMOURS.

Formez des chaines parfaites,
Laiſſez-vous enflâmer des plus tendres ardeurs:

CHOEURS DES BERGERS, DES BERGERES ET DES NIMPHES.

Formons des chaînes parfaites,
Laiſſons-nous enflâmer des plus tendres ardeurs:

LES AMOURS.

Qu'il naiſſe autant d'Amourettes,
Que nous verrons naître de Fleurs.

LES BERGERS, &c.

Qu'il naisse autant d'Amourettes,
Que nous verrons naître de Fleurs.

Les Bergers charmez des Fleurs qu'ils voyent
éclore, s'écartent dans le Bois pour en cüeillir.

SCENE VII.

ZEPHIRE ET FLORE.

ZEPHIRE.

QUe de Cœurs à l'envy vont vous rendre les armes !
Que vous brillez dans ce beau jour !
Non, Venus avec tous ses charmes
N'inspira jamais tant d'amour.

C'est le sujet de mes tristes alarmes,
Je crains . . . .

FLORE.

> Que craignez vous ?
Plus l'Amour conduira d'Amants à mes genoux
> Plus vôtre gloire sera belle,
Je feray mon plaisir de les mépriser tous ;
> Si mon cœur vous est si fidelle,
> Que craignez vous ?

> Vos soupçons m'allarment sans cesse,
> Je ne vous vois jamais content.

ZEPHIRE.

Pardonnez moy l'effet d'un excez de tendresse,
Si je vous aymois moins, je ne craindrois pas tant.

> Lorsque l'on ayme avec délicatesse
On n'ose se flater du plus parfait bonheur ;
Quelque fidélité que jure une Maîtresse,
> On craint encor de perdre un jour son cœur
> Lorsque l'on ayme avec délicatesse.

FLORE.

> Goûtez dans l'ardeur de vos feux
> La douceur d'une paix profonde,
> Et ne rendez plus malheureux
> Le plus heureux Amant du monde.

ZEPHIRE.

Que vous me rassurez ! que mon sort est charmant !

ENSEMBLE.

Sans crainte, sans inquiétude
Charmante Flore ⎤
⎟ *aimons - nous tendrement.*
Charmant Zephire ⎦

FLORE.

Est - il une peine plus rude
Que de s'allarmer en aymant?

ZEPHIRE.

Est - il une peine plus rude?
Est - il un plus cruel tourment?

ENSEMBLE.

Sans crainte, sans inquiétude
Charmante Flore ⎤
⎟ *Aymons - nous tendrement.*
Charmant Zephire ⎦

FLORE.

Cesserés-vous enfin de vous troubler vous-même?
Ne vous veray-je plus inquiet & jaloux?

ZEPHIRE.

Hélas! tout mon repos ne dépend que de vous;
Promettez moy, Déesse, une constance extrême
Mon sort n'aura plus rien qui ne me semble doux.

FLORE,

FLORE.

Zephire, je vous aime
Et je veux toûjours vous aimer;
Les plus grands Dieux pour me charmer
Ont beau m'offrir l'éclat de leur grandeur suprême,
Zephire, je vous aime
Et je veux toûjours vous aimer.

ZEPHIRE.

C'est pour vous seule aussi que je respire,
Vous ne verez jamais mon cœur se dégager;
Le partage assuré du plus puissant Empire
N'auroit pas le pouvoir de me faire changer.

ENSEMBLE.

Sans crainte, sans inquiétude
Charmante Flore ⎱
Charmant Zephire ⎰ *Aimons-nous tendrement.*

FLORE.

Est-il une peine plus rude
Que de s'allarmer en aymant?

ZEPHIRE.

Est-il une peine plus rude?
Est-il un plus cruel tourment?

G

ENSEMBLE.

Sans crainte, sans inquiétude
Charmante Flore }
Charmant Zephire } *Aymons-nous tendrement.*

Tandis que Zephire & Flore chantent ensemble
ces derniers vers, quelques-uns des Bergers qui s'é-
toient disperſez dans le Bois pour y faire des Bou-
quets de Fleurs, reviennent.

ZEPHIRE.

Témoins du bonheur qui m'enchante,
Bergers, uniſſez-vous dans ce charmant ſéjour,
Que chacun chante
Les douceurs de l'amour.

Ces Bergers & ces Bergeres qui ſont portez d'une
inclination naturelle à chanter l'amour & ſes douceurs, ſont ravis de trouver à ſe ſatisfaire, en obéïſ-
ſant à Zephire.

SCENE VIII.

Zephire, Flore, & les Bergers de la Scene précé-
dente.

SILVIE Bergere.

Ne cherchons point à nous deffendre,
Lorsque l'Amour veut nous charmer ;

LE CHOEUR

Ne cherchons point à nous deffendre,
Lorsque l'Amour veut nous charmer ;

SILVIE.

Le seul plaisir d'aymer
Suffit pour le bonheur d'un cœur fidelle & tendre.

LE CHOEUR.

Le seul plaisir d'aymer
Suffit pour le bonheur d'un cœur fidelle & tendre.

Le reste des Bergers revient du Bois par de dif-
ferentes allées , chacun d'eux tient une guirlande

de Fleurs, & l'offre à la Bergere qu'il ayme en dançant avec elle : Aprés quoy Silvie recommence à
chanter.

SILVIE.

Quel plus grand bien peut-on prétendre?
Il est si doux de s'enflâmer ;

LE CHOEUR.

Quel plus grand bien peut-on prétendre ?
Il est si doux de s'enflâmer ;

SILVIE.

Le seul plaisir d'aimer
Suffit pour le bonheur d'un cœur fidelle & tendre.

LE CHOEUR.

Le seul plaisir d'aimer
Suffit pour le bonheur d'un cœur fidelle & tendre.

Toutes ces Troupes galantes s'unissent & forment de nouvelles danses.

ZEPHIRE.

L'amour veut nous surprendre,
Prevenons ses desirs,
Un cœur qui differe à se rendre
Perd de vrais plaisirs,
Gardons-nous d'attendre :

Ce Dieu s'offre à nous,
        Suivons-le tous
    Sans nous contraindre ;
        Quand on sent ses coups
        Loin de les craindre,
        Loin de s'en plaindre,
    On les trouve doux.

Quelques Bergers avec leurs Bergeres témoignent
par leurs Danses qu'ils connoissent tous les charmes d'un tendre engagement, & que rien n'est plus
heureux pour un jeune cœur, que de s'offrir le
premier à l'amour, quand il croit que ce Dieu veut
lui donner des chaînes.

UN BERGER AVEC SA BERGERE.

    Amour, que tes chaînes sont belles !
Peut-on se refuser leurs charmantes douceurs ?
    Aimable Dieu, viens régner sur nos cœurs,
Si tes biens ne sont faits que pour les plus fidelles,
    C'est à nous seuls que tu dois tes faveurs.

UNE NIMPHE DE LA MALGRANGE.

Consacrons tous nos chants au Héros que je sers,
Qu'à chanter ses vertus avec moy tout s'empresse ;
Sa valeur, sa bonté, sa profonde sagesse
        Meritent nos plus doux Concerts.

    Tout l'Univers le revere,

Vantons ſa gloire à nôtre tour ;
Il eſt l'exemple & l'amour
Des plus grands Princes de la terre.

CHOEURS.

Tout l'Univers le revere,
Vantons ſa gloire à nôtre tour ;
Il eſt l'exemple & l'amour
Des plus grands Princes de la Terre.

UN DIEU DES BOIS.

Avec tant de vertus qui brillent à nos yeux,
Deſtin, ſi ta puiſſance en prodiges féconde
Eut fait naître autrefois ce Héros glorieux,
 *Il auroit diſpenſe les Dieux **
De partager entr'eux le Royaume du monde ;
Lui ſeul auroit ſuffi pour regner dans les Cieux
 Sur la Terre & ſur l'Onde.

 Chantons, chantons, publions ſes bienfaits,
 Nôtre bonheur fait ſon unique affaire ;
Bellone en vain par tout fait gronder ſon Tonnerre,
Nous goûtons par ſes ſoins un repos plein d'attraits:
  Qu'il vive, qu'il regne à jamais.

---

* Lorſque le monde fut creé, Jupiter, Pluton & Neptune par-
tagérent entr'eux l'Empire du monde, un ſeul ne pouvant
ſuffire pour le gouverner.

CHOEUR DE BERGERS, DE BERGERES ET DE SILVAINS.

Chantons, chantons, publions ses bienfaits,
Nôtre bonheur fait son unique affaire ;
Bellone en vain par tout fait gronder son Tonnerre,
Nous goûtons par ses soins un repos plein d'attraits :
Qu'il vive, qu'il regne à jamais.

Les Bergers & les Bergeres dansent tous sous des Berceaux de verdure que les Faunes & les Silvains ont faits à plaisir dans le Bois, aprés quoy les Chœurs chantants repetent ces cinq derniers vers pour finir la Fête.

FIN DU DIVERTISSEMENT.